생기꽃이 피는 날

생기꽃이 피는 날

기풍선생 시선집

시집 소개글

《생기꽃이 피는 날》- 기풍선생 시선집

"마음속 생기 한 송이, 삶을 피워 내다"
바람 스치는 들녘 위, 풀잎에 맺힌 이슬처럼 조용히 다가오는 시가 있습니다.
삶에 지친 날, 가만히 어깨를 두드려 주는 한 줄의 말이 있습니다.
기풍선생의 시는 그렇게, 생기를 품은 생기꽃으로 피어납니다.
《생기꽃이 피는 날》은 자연의 순리와 사람의 온기를 노래하는
생기를 연구하는 기풍선생의 첫 시선집으로,

총 8부 구성, 104편의 시에
'고향의 그리움, 사랑의 따뜻함, 마음의 여백, 길 위의 묵상,
그리고 내일을 향한 생기의 희망'이 담겨 있습니다.

– 이런 시가 들어 있습니다.
"진달래 핀 고향 언덕길" – 어린 날 추억의 고향
"그대는 생기다" – 사랑은 생기의 이름

"오늘은 내 인생의 최고의 날" – 하루를 찬란히
"마음에도 틈이 필요하다" – 쉼과 사색의 여백
"나무의 내일" – 아직 피지 않은 꿈을 위하여

- 작가의 말

"생기는 우리 삶에 늘 머물러 있었지만,
우리가 너무 바빠서 지나쳐 모르고 살고 있죠.
이 시집이 당신의 마음 한 켠에
조용히 피어나는 생기꽃 한 송이가 되길 바랍니다."
《생기꽃이 피는 날》은
마음이 울적할 때 읽으면 위로가 되고,
희망이 흔들릴 때 길이 되는 시집입니다.
당신이 오늘 피워야 할 생기꽃은 어떤 색인가요?

목차

시집 소개글 — 4

제1부: 봄, 생기가 움트는 시간

1. 생기꽃 피는 날 — 14
2. 봄비, 생기를 적시다 — 15
3. 라일락 술도가 — 16
4. 봄은 아이 — 17
5. 봄바람에 실린 그리움 — 18
6. 벚꽃 비의 속삭임 — 20
7. 봄날의 창가 — 22
8. 진달래 언덕에서 — 24
9. 연둣빛 마음이 트는 아침 — 26
10. 생기라는 이름의 첫인사 — 27
11. 햇살 따라 걷는 들꽃 길 — 28
12. 초록이 말을 거는 오후 — 30
13. 들녘에서 들려온 봄의 노래 — 31

제2부: 자연, 생기의 숨결

1. 나무는 침묵으로 피어난다 — 34
2. 명자꽃, 가까이 와야 보이는 — 36
3. 빛이 머문 동굴, 생기가 숨 쉬는 곳 — 37

4. 우화정 호수 위에 피어난 봄의 숨결 — 38
5. 내장산 능선에 부는 생기의 숨결 — 40
6. 하늘을 닮은 강 — 41
7. 꽃도 숨을 쉰다 — 42
8. 바람은 말이 없고 — 44
9. 시간은 천천히 흐른다 — 46
10. 추억의 덕수궁 돌담길 사랑 — 47
11. 산벚꽃 흩날리는 그 언덕 — 48
12. 노을에 기대선 나무 한 그루 — 50
13. 풀잎에 묻은 새벽의 속삭임 — 52

제3부: 고향, 마음의 연못

1. 진달래 핀 고향 언덕길 — 54
2. 고향 창가에서 — 55
3. 저녁연기 피어오를 때 — 56
4. 어머니의 밥상 — 57
5. 별빛 같은 이름 — 58
6. 고향길은 꽃길이다 — 59
7. 시골집 우물가 — 60
8. 흙냄새 그리움 — 62
9. 추억의 고향 밭고랑 — 64
10. 고향 하늘 아래 — 66
11. 어머니의 손길 — 68
12. 골목길 끝 작은 마당 — 70
13. 들꽃 핀 돌담길 — 72

제4부: 사랑, 가장 생기로운 감정

1. 사랑을 기다리는 창가 — 76
2. 봄에는 누군가를 사랑하고 싶다 — 78
3. 마음의 틈 — 79
4. 그대는 생기다 — 80
5. 나무처럼 사랑하고 싶다 — 81
6. 꽃처럼 다가와 — 82
7. 그리움이 피는 밤 — 83
8. 이름을 부르면 — 84
9. 사랑이 시작되는 순간 — 85
10. 별이 내리는 밤, 그대에게 — 86
11. 마음을 열면 사랑이 온다 — 88
12. 눈빛으로 피는 연분홍 고백 — 90
13. 사랑은 마음에 피는 생기 — 92

제5부: 오늘, 생기로 가득한 날

1. 오늘은 내 인생의 최고의 날 — 94
2. 지금, 생기로 — 96
3. 아침을 깨우는 커피 한 잔 — 98
4. 지친 마음엔 생기가 필요해 — 99
5. 오늘 비는 봄을 떠나는가 — 100
6. 끝나기 전까지는 끝난 게 아니다 — 102
7. 오늘의 햇살 — 104
8. 하루의 생기 — 106
9. 마음이 웃는 날 — 108

10. 오늘도 나에게는 기회 ― 110
11. 생기의 파장을 믿는다 ― 112
12. 내일을 위한 오늘, 시작의 순간 ― 114
13. 지금 여기, 삶이 피어나는 자리 ― 116

제6부: 마음, 생기를 품은 정원

1. 마음에도 틈이 필요하다 ― 118
2. 생기의 파장을 믿는다 ― 120
3. 감사는 생기를 만든다 ― 122
4. 내 마음에 핀 꽃 ― 123
5. 생기마인드의 꽃 ― 124
6. 나를 사랑하는 연습 ― 126
7. 혼자서도 충분한 날 ― 128
8. 무심한 듯 따뜻하게 ― 129
9. 내면의 빛을 찾다 ― 130
10. 생기로 가득 찬 순간 ― 132
11. 말의 꽃이 피는 아침 ― 134
12. 손자의 탄생을 기다리며 ― 136
13. 빈 들녘에서 ― 138

제7부: 길, 생기를 따라 걷다

1. 정읍 내장사 봄비 답사기 ― 140
2. 생기의 길 ― 142
3. 다시 걷는 봄 길 ― 143
4. 삶은 여행이다 ― 144

5. 꽃길만은 아니더라도 — 146

6. 길 위의 별빛 — 147

7. 걸음마다 피는 것 — 148

8. 나를 향한 발걸음 — 149

9. 먼 길 끝에서 만나는 나 — 150

10. 사랑의 속삭임 — 151

11. 바람도 길이 되어 — 152

12. 사뿐히, 봄을 딛고 — 154

13. 발자국마다 남는 생기 — 156

제8부: 미래, 생기로 여는 내일

1. 내 인생은 내가 주인공 — 158

2. 생기는 희망 — 159

3. 생기의 꿈 — 160

4. 내일은 오늘의 꽃봉오리 — 162

5. 빛나는 나를 위하여 — 163

6. 꿈은 생기 — 164

7. 아직 피지 않은 꽃 — 166

8. 나무의 내일 — 168

9. 새로운 시작의 빛 — 169

10. 바람에 실은 소망 — 170

11. 길을 여는 생기 — 172

12. 생기의 법칙 – 3. 3. 4의 비밀 속으로 — 174

13. 별빛처럼 흐르는 꿈 — 176

《기풍 - 안종회의 생기 명언》 - 희망의 메시지

- 생기(生氣)와 자연 명언 — 181
- 생기 있는 사람 명언 — 182
- 생기를 품은 터 공간 명언 — 183
- 생기와 마음 명언 — 184
- 시처럼 흐르는 감성 명언 — 185
- 유머 생기 명언 — 186
- 생기의 아침 명언 — 187
- 수맥과 건강을 말하는 생기 명언 — 188
- 생기와 인간관계 명언 — 189
- 생기와 사계절 명언 — 190
- 생기가 들어오는 집 양택 명언 — 191
- 생기 리더 명언 — 192
- 생기 풍수 명언 — 193
- 생기 있는 음택 명언 — 194
- 생기 인테리어 명언 — 195
- 생기 습관 명언 — 196
- 생기운(運) 명언 — 197
- 고통 속에서도 빛나는 생기 명언 — 198
- 부모가 자녀에게 전해 주는 생기 명언 — 199
- 생기 건강 명언 — 200
- 생기 행복 명언 — 201
- 삼강오륜 생기 명언 — 202
- 칭찬과 격려의 명언 — 204
- 생기 습관 명언 — 206

- ⊙ 생기 소통 명언 — 207
- ⊙ 생기 행동 명언 — 208
- ⊙ 생기 명상 명언 — 209
- ⊙ 사람에게 생기를 주는 말 명언 — 210
- ⊙ 생기 비전 명언 — 211

제1부

봄, 생기가 움트는 시간

1. 생기꽃 피는 날

가만히 빛을 들여다보면
바람 한 줄기에도 마음이 흔들리고,
햇살 끝에도 눈물이 맺힌다

그대가 웃고
내가 웃는 그 순간,
우리 사이에 피어난 것은
작은 말 한마디에서 움튼 생기꽃

고단한 하루를 감싸안는
따뜻한 차 한 잔처럼,
기억 저편에서 조용히 피어난
그 꽃은, 가장 아름다운 생기꽃

2. 봄비, 생기를 적시다

가만히 창을 열자
빗방울 하나, 둘,
지친 마음 위에 사뿐히 내려앉는다

그대 떠난 자리에
꽃씨 하나 심었더니
봄비가 와서
말없이 다정히 적셔 준다

모진 계절을 견뎠다는 건
피어날 준비가 되었다는 의미
비는, 봄의 생기를 기억하듯
조용히 세상을 안아 준다

3. 라일락 술도가

저녁 바람에 흔들리는 라일락 향기
아파트 베란다 문틈을 비집고 들어온다
첫사랑의 목소리처럼 은은하고,
어머니의 저녁밥 짓던 숨결처럼

꽃은 아무 말 없이 향기로 말을 하고
나는 아무 대답 없이 향기 속에 취한다
잊었던 노랫말 속에 술 한 잔 기울이듯
가슴 안에서 저절로 불러진다
오늘은, 라일락에 취해도 괜찮은 날
그대의 따스한 기억처럼
봄 저녁 술도가의 향기처럼 내게 들어왔다

4. 봄은 아이

봄은 아이처럼
작은 발걸음으로 다가와
찬란한 꽃을 피운다

눈부신 햇살을 들고
조용히 세상에 온다
아이의 웃음처럼
온갖 색을 담아
나무와 꽃, 하늘에,
그리고 마음속에
새로운 생명을 불어넣는다

5. 봄바람에 실린 그리움

봄바람이 속삭이는 길목에서
그대의 이름을 불러 봅니다
그대는 먼 곳에 있지만
바람에 실려 온 그리움이
마음을 흔들어 놓습니다

바람은 가볍게 지나가지만,
그대의 기억은 가물가물 남아
가슴속에서 춤을 춥니다
꽃잎 하나가 흩날리듯
마음도 조금씩 떨어집니다

햇살은 따스하게 비추고
바람은 그대의 향기를 실어,
내가 걷는 길 위에 그대가 다시
살며시 피어나는 것처럼 느껴집니다

봄바람에 실린 그리움
말없이 나를 적시고,

그대는 멀리 있지만
마음속에서 숨 쉰다

6. 벚꽃 비의 속삭임

벚꽃 비가 속삭이며 내리던 날,
그대의 얼굴이 떠오릅니다
벚꽃 비는 조용히 흩날리고,
꽃잎은 한 잎 한 잎 떨어지며
시간을 멈추게 합니다

하얗게 흩날리는 벚꽃 잎은
봄바람에 실려,
마치 그대의 손길처럼
부드럽게 내 마음을 스칩니다
내 눈 속에, 내 가슴 속에
벚꽃의 향기가 깊어만 갑니다

이 순간, 벚꽃 비는 그대의 말처럼
가볍게 내리고,
그대를 그리워하며
벚꽃 비 속에 담겨진
속삭임을 들으며 걸어갑니다

벚꽃 비는 내게
그대의 마음을 전하려는 듯
내리다, 사라지다, 또 내리며
마음을 흔들어 놓습니다
그대는 벚꽃 비 속에 살아 있습니다

7. 봄날의 창가

창가에 앉아, 봄이 속삭인다
바람이 나즈막이 불어와,
흰 구름은 천천히 지나가고,
마음은 그 속에 실려 떠간다

햇살이 창문을 넘어
부드럽게 내 얼굴을 어루만지고,
꽃향기는 공기 속에 스며들어
조용히 마음을 깨운다

벚꽃이 살며시 흩날리며
차가운 바람을 따뜻하게 만들고,
그 향기 속에 잠시 취해
내가 잃어버린 것을 되찾는다

창가에 앉아,
봄을 가만히 느끼면
그리움이 마음속에 스며든다
어디에선가 들려오는

그대의 웃음소리가
햇살처럼 따뜻하게 비친다

8. 진달래 언덕에서

진달래꽃이 피어
언덕 위로 붉은 물결처럼 흐른다
차가운 바람에 흩날리는 꽃잎,
그 속에 내 마음을 담아
조용히 내려놓는다

산기슭을 넘나드는 길을 걸으며,
아직도 그때 그 사람을 생각한다
진달래가 흐드러지게 피던 그날,
우리의 약속이 이 언덕에
새겨져 있음을 느낀다

꽃잎 하나하나가 기억처럼,
언덕을 지나면 그리움의 발자취
진달래가 붉게 물든 이 길에서
잊었던 마음도 그리워지며
서로를 찾아 헤매는 미로

산의 끝자락에 닿은 순간,

진달래꽃은 다시 피어날 것처럼,

마음에도 그대의 모습이

고요히 피어 오른다

9. 연둣빛 마음이 트는 아침

창문을 열면
봄이 먼저 다녀간다
연둣빛 마음 하나
햇살에 걸어 두고,
조용히 하루를 맞는다

마른 가지 틈마다
새잎이 숨을 틔우듯,
마음도 어딘가에서
조용히 살아나고 있다

어머니가 빨아 말리던
해묵은 겨울 이불처럼
따스하고 수줍은 희망이,
다시 나를 덮는다

바람 한 자락에
고요히 떨리는 마음이여,
네가 있어 이 계절을 사랑한다

10. 생기라는 이름의 첫인사

새벽 안개 사이로
가만히 스며드는
봄빛 하나, 그 빛은 말없이
"안녕하세요" 인사합니다

마른 가지 끝에도
작은 숨결이 피어나고,
돌담 틈새 노오란 민들레씨는
어느새 고개를 듭니다

마음 깊은 곳에서도
한 줌 따뜻함이 움트고,
그 따뜻함이 생기꽃이 되어
세상을 행복하게 합니다

오늘 아침 나는 삶에게,
그리고 당신에게
생기라는 이름으로
처음 인사를 건넵니다

11. 햇살 따라 걷는 들꽃 길

아침 햇살이
조용히 어깨 위에 내려앉는다
들판 끝자락, 언덕 위에
바람결에 흔들리는 들꽃 한 송이,
그 속삭임에 발길을 멈춘다

어릴 적 어머니의
웃음 같기도 하고,
먼 고향의 흙냄새 같기도 한
아름다운 들꽃 길, 들꽃 향기

한 걸음, 또 한 걸음,
햇살은 그림자 속으로 스며들고
들꽃들은 묵묵히
마음의 길동무가 된다

오늘은,
세상 어느 길보다도

들꽃 길이 정답고
따뜻한 나의 길동무

12. 초록이 말을 거는 오후

나뭇잎이 바람에 속삭인다
햇살은 조용히 마음을 두드리고
작은 들꽃 하나가 나를 바라본다

오후의 들판은 말이 많다
말없이 다정한 풀잎들
묵묵히 웃는 하늘빛

아무 말 없이 귀를 쫑긋 세우고
초록의 이야기에 귀 기울인다
슬며시 가슴이 젖고, 조금씩
초록의 들판은 생기로 번져 온다

지친 하루의 끝자락에도
초록은 언제나
먼저 다가와 말을 건다

"좋아, 오늘도
생기로 가득해 아름다웠어."

13. 들녘에서 들려온 봄의 노래

들녘 끝에선 누가 부르듯
바람이 살짝 귓가를 스친다
햇살은 꽃잎에 입을 맞추고
초록은 자라며 노래를 만든다

들풀 사이로 퍼지는 노랫결
메아리처럼 마음에 내려앉고
조용히, 아주 조용히
내 안의 겨울이 풀려 간다

한 송이 민들레가 먼저 웃고
논둑길엔 따뜻한 발자국이 찍힌다
아, 이 노래는 누구의 노래일까
봄이 숨결로 건네는 안부일까

가만히 멈춰 선 오후
초록의 노래에 취해
봄이 떠나가는 걸 잊는다

제2부

자연, 생기의 숨결

1. 나무는 침묵으로 피어난다

나무는 말이 없다
말 대신 기다림을 배운다
겨울 내내 얼어붙은 뿌리를
한 번도 원망하지 않고
조용히 품는다

한 송이 꽃을 피우기까지
추운 겨울을 삼키며
햇살 한 줌, 바람 한 점
고요히 받아안는다

소리 없이 피어난 초록은
그 자체로 시가 되고
그늘이 되어
누군가의 삶을 의지해 준다

그렇게 기다림으로
말보다는 마음으로,

눈부심보다 깊이로

살아갈 수 있다면

나무처럼 피어날 수 있으리라

2. 명자꽃, 가까이 와야 보이는

수줍은 사랑 한 번 피어
소리 없이 붉어지는 꽃,

명자꽃은 소란스럽지 않고
서둘지 않고,
드러내지 않고,
다가온 이에게만
살포시 내어 주는 은은한 향기

수줍음으로 피고,
겸손으로 흔들리며,
오래도록 기다린 사랑,
햇살 속에 잔잔히 익는다

그대여, 아주 작아
멀리서 보아 모른다면,
가까이, 숨소리로 닿아 오라

3. 빛이 머문 동굴, 생기가 숨 쉬는 곳

고요는 돌의 심장을 닮아
천천히, 아주 천천히 나를 부른다

동굴 속 숨죽인 물소리,
시간의 이끼가 말라붙은 어둠,
그곳에 머문 한 줄기 빛,
누군가 오래도록 기다린 기도처럼

벽을 타고 흐르는 광맥,
돌과 돌 사이 숨 쉬는 생기,
그 숨결을 쓸어안고
작은 생명의 떨림을 들었다

살아 있다는 것은
보이지 않는 곳에서조차
생기의 빛과 마음이
어두운 동굴에도
작은 빛처럼 생기가 돈다

4. 우화정 호수 위에 피어난 봄의 숨결

고요한 물 위로
새하얀 구름 한 점이 스며들고
호수는 말없이 구름을 품는다

우화정의 지붕 끝에 걸린 햇살,
겨울의 그림자를 털어낸 채
봄이 첫 숨을 쉬는 순간

바람은 연못을 어루만지고
물오리 두 마리, 잉잉거리는 물소리,
그 옆에 핀 붉은 홍매화

호수 위에 피어난 봄은
꽃보다 조용하고,
빛보다 따스한 생기가 핀다

호수 위의 잔잔한 숨결
고향의 품을 느끼고

지난날 잊고 지낸
세월을 되새긴다

5. 내장산 능선에 부는 생기의 숨결

이른 아침,
구름 한 자락 능선에 머무르면
풀잎 하나에도
생기의 숨결이 깃든다

바람은
이름 없이 지나가도
산은 늘 그 자리에
생기로 숨을 쉰다

6. 하늘을 닮은 강

강은 흐른다
말없이, 고요히
하늘빛을 안은 채
구름을 등에 업고 흘러간다

물비늘 위로 스치는 바람도
햇살도, 지난날의 그리움도
모두 품어
아무 말 없이 품고 흘러간다

어쩌면 강은
하늘을 닮고 싶었던 걸까
끝없이 맑게 흐르기도 하고
때로는 구름처럼 탁하게 흐른다

오늘도 그 강을 바라본다
내 마음의 강도
이토록 깊고 푸르게, 생기 가득한
누군가의 하늘이기를 바라며

7. 꽃도 숨을 쉰다

햇살이 등을 쓸어 줄 때,
바람이 귓가를 지나갈 때,
꽃은 조용히 생기로 숨을 쉰다
말없이, 들리지 않게,
분명히 살아 있는 생기의 숨결

눈부신 색으로 말하지 않아도
그 존재만으로 계절을 피워 내고,
잠든 뿌리의 기도 위에
고요한 숨을 올려놓는다

사람도 꽃처럼
조용히 숨 쉬는 순간들이 있다
세상이 모르는 깊은 곳에서
조용히 아파하고,
소리 없이 피어나는 날들

바람이 머물다 가는 것처럼,
햇살이 스치고 머뭇거리는 것처럼,

숨의 공간에 기대어
한 세상 번다함을 벗고
편안한 숨결로, 생기를 마시며
잠시 쉬어 가고 싶다

8. 바람은 말이 없고

바람은 말이 없다
늘 그랬듯
고요히 나뭇잎을 흔들고
창틈 사이로 스며든다

울고 있는 사람 곁에 앉아도
웃고 있는 아이의 얼굴을 쓰다듬어도
바람은 다만 스쳐 갈 뿐
아무 말도 하지 않는다

그 말 없는 위로가
가끔은 울컥하게 하고
그 조용한 손길이
기억 저편의 이름 하나
불러내곤 한다

말이 없어 더 깊은 바람
우리 마음 깊은 곳도
그런 침묵을 닮았으면

상처 위에 조용히 내려앉아
생기바람으로 스스로 치유되겠지

9. 시간은 천천히 흐른다

어느새 해는 기울고,
하늘은 붉은빛을 머금는다
시간은 급하게 달려가지 않고,
서서히, 서서히 흘러간다

바람은 이따금 나뭇잎을 흔들고,
그 사이로 들려오는 새의 노래는
시간의 흐름을 알 수 없게 한다

모든 것이 잠잠히 머무는 이 순간,
마음은 자연의 리듬을 따라가며
시간의 깊이를 스며들게 한다

어쩌면 우리가 지나온 길은
그저 하나의 순간일 뿐,
이제는 시간을 부드럽게 맞이하며
그 안에서 삶을 온전히 품는다
생기 가득한 시간은 천천히 흐른다

10. 추억의 덕수궁 돌담길 사랑

덕수궁 돌담길을 걷다 보면,
그리운 사람의 얼굴이
돌 틈 사이로 스며든다

바람 속에 섞인 그의 목소리,
이 길을 따라 나를 부른다

그리움은 더 깊어만 가고,
발걸음이 멈추면
그의 흔적이 내 곁에 남아
사랑이 여전히 기다리고 있는
그리움의 자리가 된다

11. 산벚꽃 흩날리는 그 언덕

산바람 부는 작은 언덕,
산벚꽃 길을 홀로 걸었다

흰 산벚꽃 눈송이처럼
하늘에서 천천히 뿌려지고,
바람은 조심스레 그 꽃잎을 옮겼다
손등에 닿은 꽃잎 하나,
이름 없는 위로처럼
가슴 한 켠을 따뜻하게 스쳤다

저마다 가는 길은 달라도
꽃은 흩날리고,
하늘은 그저 지켜보고,
언덕은 아무 말 없이 품어 주었다

그 순간, 알았다
흩어짐도 슬픔이 아니고,
머무름도 욕심이 아님을

산벚꽃처럼

조용히 피고 흩날리는

그것이 살아 있는

생기의 순환 법칙이다

12. 노을에 기대선 나무 한 그루

저물녘,
붉게 번진 하늘 노을
느티나무 한 그루, 가만히 서 있다

기나긴 풍파를 견디고,
수많은 계절을 건너온 몸짓,
그 가지 끝마다 작은 생의 이야기

노을은 천천히 등을 쓰다듬고,
나무는 말없이 고개를 기울였다

사람도 없이,
소리도 없이,
나무는 그저 노을에 기대었다

아, 살아간다는 것은
때로 이렇게 조용히
하늘빛에 기대기도 하는구나

그림자 길게 드리워진 들판 너머로

문득, 나 또한 저 나무처럼

누군가의 노을이 되고 싶어졌다

13. 풀잎에 묻은 새벽의 속삭임

새벽이 풀잎에 묻혀
조용히 속삭인다
어둠 속에서 풀잎 하나하나
살며시 꿈을 꾸듯
그리움의 말을 건넨다

바람은 가만히 그 속삭임을 따라
이른 아침의 기운을 전하고,
풀잎은 그 안에서
세상의 시작을 품고 있다

그 속삭임을 들으며
새로운 하루를 맞이한다
조용히, 새벽은 속삭인다

제3부

고향, 마음의 연못

1. 진달래 핀 고향 언덕길

고향 언덕길 따라
진달래꽃이 수줍게 피었다
어릴 적 많은 추억의 발자국이
아직도 그 길 위에 남아 있는 듯

봄이 오면
어머니 손을 잡고 오르던 그 언덕
진달래 꽃잎 한 장
입에 물고 웃던 그 시절

바람은 여전히 따뜻하고
하늘은 맑고 푸르다
달라진 건 커 버린 어깨와
조금 느려진 걸음뿐

2. 고향 창가에서

바람은 고요히 창을 스치고
햇살은 가만히 방 안을 적신다
고향의 창가에 앉으니
어릴 적 생각이 바람에 섞여 온다

낡은 창틀 너머로 보이는
자두나무 가지엔
어느새 봄빛이 내려앉고
작은 새가 조용히 노래를 건넨다

이 창가에 앉아 생각에 잠기니
잊은 줄 알았던 이름들이
마음속에서 꽃처럼 피어나
눈시울을 적시게 한다

고향은 그렇게,
말없이도 나를 안아 주는
가장 조용하고 따뜻한 그리움이다

3. 저녁연기 피어오를 때

언덕 너머로 해가 기울면
푸르던 하늘도 붉게 물들고
조용한 마을 굴뚝마다
저녁연기 집집마다 피어난다

그 연기 속에는
어머니 손맛 배인 된장 내음,
아이들 웃음소리,
삶의 작은 안식이 숨어 있다

바람은 연기를 실어
이곳저곳으로 띄워 보내고
저녁이 주는 평화를 들이마신다

하루의 고단함도
연기처럼 흩어져 가는 시간,
저녁은 그렇게
마음을 덮어 주는
따뜻한 담요였다

4. 어머니의 밥상

작은 상 위에
김이 모락모락 오르는
꽁보리밥, 된장국, 조기 한 마리,
소담스런 김치 몇 조각

그건 음식이 아니라
기다림이었고
어머니의 정성으로
아침에 지어낸
사랑의 밥상이다

밥알 하나에도
어머니의 눈물이 숨어 있다

이 세상 어디에도
그런 밥상은 없다
세상 그 무엇보다
따뜻하고 눈부신 밥상

5. 별빛 같은 이름

밤하늘 가장 높은 곳에
조용히 반짝이는 이름,
부르기만 해도
가슴 한 켠이 환해지는
별빛 같은 이름이 있다

세월의 바람에
많은 것이 스쳐 갔지만
그 이름 하나는 어머니
지워지지 않고
마음 깊은 곳에 머물렀다

6. 고향길은 꽃길이다

들길 끝자락, 고향이 보이면
먼 산도 나를 반기고
바람조차 꽃내음에 묻힌다

진달래꽃 붉은 언덕 아래
어머니의 손길이 묻은 마당이 있고,
봄마다 피는 명자꽃은
어릴 적 친구들의 웃음을 기억한다

논두렁 따라 걸으면
아버지의 발자국이
아직도 흙 위에 살아 있고,
솟대 아래 까치 울음소리에
그 시절 해맑은 하늘이 겹쳐진다

고향길은, 그리운 친구
걸을수록 꽃이 피고
머무를수록 마음이 젖는
고향 향수의 꽃길

7. 시골집 우물가

소박한 우물가에
아낙네들 웃음소리
따스한 햇살 속에
마을의 이야기가 넘쳐흐른다

물동이를 이고 가며
그들의 손끝에서
빨랫감이 춤을 추고
행복이 물결처럼 퍼져 간다

우물가에는
서로의 얼굴을 비추며
서로의 마음을 나눈다
시원한 물이 흐르고,
그 속에서 피어나는
희망의 웃음소리가
하늘을 향해 날아간다

바람은 부드럽게

기억을 실어 날리고,
소박한 마음은
따뜻한 손길을 건넨다
아낙네들의 발걸음은
한 걸음 한 걸음
행복의 춤처럼 가벼워진다

우물가에 가득한
따뜻한 미소들이
세상에서 가장 소중한
보물처럼 빛난다
그 빛은 여전히
마음속에 살아 숨 쉰다

8. 흙냄새 그리움

흙냄새 가득한 길을 걸을 때,
어릴 적 고향의 얼굴들이 떠오른다
가슴속 깊은 곳에서 자라난 그리움이
흙에 스며들어, 바람에 실려 부른다

발밑에 묻힌 흙은
내 마음의 깊이를 알 것처럼
따스하고, 무겁고,
그리움의 손길처럼 감싼다

흙냄새 속에서
어머니의 품, 시골집의 뜰,
아버지의 땀 내음의 흔적들이
여전히 숨 쉬고 있다

따스한 햇살 아래
농부의 손길이 닿은 땅은
마음의 고향이 되어
언제나 나를 부르고 있다

그리움이 짙어질수록,

흙냄새는 더욱 진하게 퍼지고,

마음속 깊은 곳에서

가장 그리운 곳을

찾아가고 있다

9. 추억의 고향 밭고랑

고향의 밭고랑은
마음속 주름 같은 것
어릴 적 웃음이 심겨져 있고
어머니의 굽은 등이 누워 있다

비가 내리면
흙은 조용히 숨을 쉬고
감자는 흙 속에서
말없이 자라나고 알을 키운다

두 손 가득,
햇살을 건져 올리던 시간
아버지의 밀짚모자 얼굴 아래로
포도송이처럼 맺혀 있는 굵은 땀방울

그 고요한 숨결 위로
바람은 늘 낮게 흐르고
산그림자조차
조용히 길을 비켜서던 곳

그 밭고랑을 걸어 본다
지금은 어디서 무얼 하고 사는지
동무들의 얼굴 이름들
흙 속에 묻혀도
가슴안에서 자라는 것들
기억은 뿌리처럼 고요하다

10. 고향 하늘 아래

바람은 늘 어머니의 손길
달빛은 아버지의 어깨처럼
고향의 하루를 조용히 감싼다

굴곡진 산등성이 너머
붉게 물든 노을빛 따라
어린 시절 강물처럼
그리움은 그 물결 위에
말없이 떠다니는 종이배

들꽃 피는 마당 돌 틈
할머니의 손길이 묻은 마루에
자주 앉아 별들의 숨소리를 들었다

세상 어디서도
이토록 포근한 하늘은 없었다
고향은 마음의 봄,
생기의 뿌리였다
지금도 가끔,

고향이 그리운 날엔

눈을 감고 고향 하늘 아래를 걷는다

11. 어머니의 손길

햇살이 고요히 스며드는 아침,
어머니의 손길은 이슬처럼 다가왔다
말없이 이마를 쓸어 주시던
그 따뜻함은
세상의 어떤 위로보다 깊었다

김이 모락모락 나는 밥상 위,
조용히 놓인 반찬 하나에도
따뜻한 손길이 숨어 있었다
고단한 삶의 언덕을 넘어
어려움을 견디게 한 건
그 작고 부드러운 손끝이었다

아이를 안듯
봄바람이 꽃잎을 감싸듯
어머니는 늘
세상을 그렇게 품어 안았다

지금도 힘들고 지친 날이면

눈을 감고 어머니의 손을 떠올린다
그 손길은
마음속 생기(生氣)의 근원이었다

12. 골목길 끝 작은 마당

저녁 빛 스며든 골목길
조용히 걸어 들어가면
세상과 한 발 멀어진 곳,
작은 마당 하나 숨 쉬고 있다

비 맞은 장독대
달빛을 머금은 감나무 잎새
장독대 사이 고양이 한 마리,
구름 같은 걸음으로
시간을 건넌다

마당 가장자리
여기저기에 핀 들꽃들
바람에 귀 기울이며
동네 소식 먼저 듣는다

어머니의 웃음 같던
그 평화로운 오후
거기서 나를 만났다

지친 하루의 일상들
바람 따라 털어 내고
생기 한 줌,
그곳에서 피어난다

13. 들꽃 핀 돌담길

아무도 밟지 않은 아침 햇살
골목 끝 돌담길을 따라
작은 이름 모를 들꽃들

이름 모를 꽃이 피어 있는
그 낮은 담벼락 아래서
문득 마음의 틈을 들여다본다

비 온 뒤 더 짙어진 흙 내음
고요히 퍼지는 바람의 속삭임
그 속에서,
잊고 지낸 꿈 하나 피어난다

할머니가 접어놓은
마당의 햇살처럼
이 작은 돌담길엔
생기라는 시간이 흐른다

들꽃 핀 돌담길

돌담의 작은 공간에도

들꽃 사랑이 흐르고

돌담길은 사랑이 피는 길이 된다

제4부

사랑, 가장 생기로운 감정

1. 사랑을 기다리는 창가

저녁 햇살이
살며시 창틀에 내려앉을 때,
고요히 사랑을 기다린다

바람이 스쳐 지나간 자리에
그대의 목소리라도 담길까,
작은 종이창 너머
시간은 느리게 흐르고
가슴엔 봄빛이 아른거린다

목련 꽃망울처럼
마음이 부풀다 이내 접히고
아지랑이처럼 흔들리는
그리움은 모르게
눈가에 맺힌다

기다림은
늘 창가에 머문다

비어 있는 마음은
그대 향한 내 마음의 자취

2. 봄에는 누군가를 사랑하고 싶다

봄바람이 창문을 두드릴 때마다
가슴 한쪽이 조용히 설렌다
햇살 속에 숨어 있던
이름 모를 그리움이
파릇파릇 돋아난다

진달래 피는 언덕길을 따라
누군가의 발걸음이 다가올 것만 같고
라일락 향기 머문 골목마다
낯선 떨림이 가슴을 적신다

손에 잡히지 않는 따뜻함,
눈빛처럼 스며드는 봄빛은
어디선가 날 향해 미소 짓는
그대의 안부인 듯하다

봄이면, 누군가를 조용히
아무 말 없이
그저 사랑하고 싶다

3. 마음의 틈

마음 한 켠에 조용한 틈이 있어
그곳엔 말없이 피는 들꽃 하나

햇살이 스미면
잊은 줄 알았던 눈물이 맺히고
바람이 지나면
누군가의 이름이 조용히 흔들린다

그 틈은 아프지 않게
날 지켜 온 자리,
다정한 그리움이 머물다 간 자리

살며시 열어 두는 그 작은 문틈에
하루의 끝이 다녀가고
누군가의 온기가
속삭이듯, 안겨 온다

4. 그대는 생기다

그대가 웃을 때,
오래 묵은 어둠이 물러간다
햇살 한 줌이
내 마음 창가에 내려앉듯이

그대가 말을 걸면
마른 가지에도 물오르고,
잊었던 꿈들이
다시 꽃망울을 맺는다

그대는 삶의 봄,
영혼에 스며든 생기
비 온 뒤 연둣빛처럼
조용히 피어나 나를 깨운다

세상이 바람 불어도
그대 있음으로,
흔들리지 않는다
그대는, 생기다

5. 나무처럼 사랑하고 싶다

소리 없이 피어나는 잎새처럼
그대를 조용히 안아 주고 싶다
눈길 한 번 없이도
늘 그 자리에 서 있는 나무처럼

비바람 속에서도
그대를 위해 우산이 되고,
햇살이 뜨거운 날엔
그늘 되어 다가서고 싶다

말은 없지만,
온 마음을 내어 주는 사랑
눈물도, 기쁨도
모두 끌어안는 나무처럼

계절이 바뀌어도
마음은 흔들리지 않으리
나무처럼 묵묵히,
깊게, 사랑하고 싶다

6. 꽃처럼 다가와

그대는 말없이
봄날의 햇살처럼 다가와
내 마음 한 켠, 얼어붙은 땅을
살며시 녹여 주었지요

바람보다 조용히
빛보다 부드럽게
한 송이 꽃처럼 피어나
하루를 환하게 밝혔어요

그대가 웃을 때마다
마음에도 꽃이 피고
그대가 머물던 자리엔
향기만이 오래 남았지요

말하지 않아도
느낄 수 있는 따뜻함,
그대는 참, 아름다운
꽃처럼 다가왔어요

7. 그리움이 피는 밤

별빛이 조용히 스미는 창가에
그리운 이름을 불러 봅니다
달빛에 기대어
기억의 조각들을 어루만지는 밤

바람 끝에 실려 온 옛 노래처럼
그대 웃음이 떠오르고
어디선가 들려오는 발자국 소리에
가슴은 조용히 떨립니다

어쩌면 그리움도
꽃처럼 피는 걸까?
어둠 깊은 이 밤,
마음 안에서 은은히 피어나는
그대라는 꽃잎 하나

8. 이름을 부르면

이름을 부르면
먼 데서 바람이 불어옵니다
한 줄기 햇살이
눈동자 속을 스쳐 가고,

그대의 이름은
언제나 꽃잎처럼 가볍고,
물가에 피어난 달빛처럼
조용히 내 마음을 적십니다

이름 하나 불렀을 뿐인데
계절이 슬며시 돌아오고,
잊었던 웃음소리와
작은 안부가 가슴을 울립니다

9. 사랑이 시작되는 순간

산 벚꽃 피는 산자락 아래
봄빛에 물든 작은 들길
당신을 처음 마주한 그날,
바람조차 말을 아꼈습니다

이름도, 이유도 몰랐지만
햇살이 눈부시게 쏟아지던 순간
마음 한구석에
꽃 하나 피어났습니다

당신의 미소가 스쳤을 때
내 안의 오래된 겨울이 녹고
바람결에 실려 온 숨결 하나
오늘 하루를 바꾸기 시작했지요

이름 붙일 수 없는 떨림이
풀잎 끝에 맺힌 이슬처럼
가만히 반짝이던 순간
사랑은 피어나고 있었습니다

10. 별이 내리는 밤, 그대에게

저문 들녘 너머
바람은 살며시
그대 이름을 불러
별빛에 얹어 보냅니다

외로운 마음 하나
어두운 창에 기대면
별들은 조용히 다가와
그대 얼굴을 닮은 빛으로 뜨고

오래된 그리움이
달빛에 젖어 울면
밤하늘은 마치
그대를 기다리는 나처럼
조용히 눈부셔집니다

별이 내리는 이 밤
그대의 가슴속으로

살포시 스며드는

별이 내리는 별이 되고 싶습니다

11. 마음을 열면 사랑이 온다

하늘을 바라보는 들국화처럼
고개 숙이지 않고 피어난 마음,
그 깊은 곳에
작은 문 하나 열어 두었습니다

햇볕 스며드는 골목 어귀,
바람이 나뭇잎을 조심히 흔들 때
그대의 눈빛이 다가왔고
마음은 마치 오래 기다렸다는 듯
조용히 문을 열었습니다

사랑은
한 줄기 햇살처럼
등 뒤에서 나를 감싸안고
낯설지 않은 미소로 말을 걸었습니다

문을 닫고 있었을 땐 몰랐던
따뜻한 기척,
마음을 열어야만

들어설 수 있었던 그대

이제 알겠습니다
사랑은,
마음이 먼저 문을 열어야
비로소 들어오는 것이라는 걸

12. 눈빛으로 피는 연분홍 고백

봄이 와서야 알았습니다
그대 눈빛 속에도
연분홍 꽃잎이 피어난다는 것을

진달래꽃 뜰 아래
바람 한 자락 스치던 오후,
우리는 말을 아끼고
대신 눈빛으로
마음을 주고받았습니다

말보다 먼저 피어난
그대의 눈동자
햇살에 젖은 산 벚꽃처럼
조용히, 다가가서 다정히
사랑이라 말하고 있었습니다

들창 밖에서
새들이 조잘거리는 동안
붉어진 두 볼을 숨기며

고백을 가만히 받아안았습니다

연분홍은
결코 꽃잎에서만 피는 것이 아니라
그대의 눈빛 안에서
연분홍 꽃이 피고
봄도 시작된다는 것을 알았습니다

13. 사랑은 마음에 피는 생기

햇살 한 줄기 스며든
봄날 오후 창가에 앉아
그대의 이름을 불러 봅니다

가슴속 어딘가
차가운 그늘로 남았던 자리에
연분홍 생기가 피어납니다

말 한마디, 눈빛 하나
그 모든 것이
꽃잎처럼 가만히 내려앉아
마음을 적십니다

사랑은
기다림 끝에 오는 기적,
아무 말 없어도
서로를 향해 피어나는 생기

제5부

오늘, 생기로 가득한 날

1. 오늘은 내 인생의 최고의 날

햇살이 문틈을 밀고 들어와
내 마음의 먼지를 털어 준다
어제의 슬픔은
바람결에 실려 나가고,
새로운 숨결이
가슴에 내려앉는다

차 한 잔 앞에 두고
평범한 미소를 지을 수 있다는 것,
그것이 오늘을
기적이라 부르게 한다
풀잎에도 빛이 머무는 날,

창밖의 참새 지지배배 소리조차
오늘을 축복하는 듯하다
작은 기쁨 하나에도
가슴이 젖고,
감사라는 이름의 꽃이
조용히 피어난다

오늘,
살아 있다는 이유만으로
세상에서 가장 큰 선물을 받았다
그래서,
오늘은 내 인생의
최고의 날이다

2. 지금, 생기로

지금, 가만히 귀 기울이면
햇살이 땅을 어루만지는
소리가 들린다
그 속엔 새싹의 꿈,
꽃봉오리의 떨림,
그리고 내가 있다

마른 땅을 일으키는
봄비 한 줄기처럼
내 마음 한구석에도
작은 생기 하나 피어난다

바람이 불어오고
그 바람 끝에
누군가의 따뜻한 마음이 실려 온다
이 순간, 나는 다시 살아갈 용기를
풀잎처럼 고요히 되새긴다

지금, 생기로

하루를 물들인다

어느 이름 없는 들꽃처럼

소박하게, 그러나 찬란하게

3. 아침을 깨우는 커피 한 잔

새벽이 슬며시 창문을 두드릴 때
은은한 커피 향이 마음을 데운다
작은 잔 속, 검은 물결에
기풍의 생기가 잔잔히 스며들고
어제의 피로는 속삭임처럼 사라진다

커피 한 모금, 한 모금 넘기면
창가에 햇살이 살며시 다가와
묵은 걱정도 따뜻이 녹아내린다
바쁨 속의 짧은 쉼표,
그 속에 담긴 정과 생기,
이것이 삶의 진한 생기 커피 맛

4. 지친 마음엔 생기가 필요해

말없이 무거운 어깨 위로
햇살 한 줌이 내려앉는다

복잡한 세상 소리에
지친 뇌와 마음
조용한 쉼을 찾는다

그때,
바람 한 자락
산속 초록빛이 속삭인다

"괜찮아,
너에게 필요한 건
쉼이 필요해, 생기를 찾아야 해."

5. 오늘 비는 봄을 떠나는가

오늘 비는
참 조용히 내립니다
봄의 끝자락을
어루만지듯,
말 한 마디 없이
고요히 떠나는 이처럼

창가에 머문 꽃잎 하나,
빗물에 젖어
자신의 계절을 접습니다
흙냄새 속에 섞인 그리움이
마당을 가로지르고,
어릴 적 기억처럼
흩날리는 냄새 속에 잠깁니다

비는 물러나는 봄의 인사를 대신하고,
그대 없는 자리엔
젖은 바람만 서성입니다
떠나간 것들은 모두

다시 피어나기 위한 약속이라지만,

오늘은 그저

이별만 같은 하루입니다

6. 끝나기 전까지는 끝난 게 아니다

세상이 어둠 속에 잠들 때,
아직 끝난 것이 아님을 느낀다
그 길 위에 남은 발자국들이
말없이 나를 이끈다
끝나지 않은 날들,
내일을 향한 작은 희망이
오늘을 다시 살아가게 한다

부서지는 꿈을 붙잡아
희미한 빛 속에서 기다린다
그대의 이름을 부를 때,
여전히 마음 한 켠에서
반응이 돌아오는 것을,
나는 알고 있다
끝나기 전까지는 끝난 게 아니라고

고요히 지나가는 시간 속에서
아직 살아 숨 쉬는 생기가
내 안에 스며든다

그럼에도 불구하고,
우리는 서로를 놓지 않는다
끝나기 전까지는 끝난 게 아니다
희망의 끝은 항상
새로운 시작을 품고 있다

7. 오늘의 햇살

오늘, 햇살이 부드럽게 내리쬔다
어제의 그늘을 걷어 내고,
새로운 하루가 펼쳐진다
이른 아침, 차가운 공기 속에서
햇살은 조용히 나를 깨운다
따스한 빛이 내 피부를 스치며
그리운 사람의 손길처럼
마음을 감싸 온다

햇살은 오늘도 내게 말을 건넨다
그대는 이 순간을
어떻게 마주할 것인가 묻듯이
아직 끝나지 않은 날들이
햇살 속에서 반짝이고,
나는 그 빛을 따라
또 하루를 시작한다

햇살은 그리운 고향의 길목처럼
내 마음속에 살아 있다

그대의 기억도,
바람에 실린 노래도,
햇살 속에서 함께 비추어진다
오늘의 햇살이
내게 말을 걸 때마다,
그리움이 깊어지고
세상은 다시 시작된다

8. 하루의 생기

새벽이 밝아 오고,
하늘은 잠에서 깨어난다
차가운 공기 속에서
첫 번째 바람이 불어오고,
내 마음도 함께 일어난다
어젯밤의 꿈을 흔들어 깨고,
오늘의 생기가 내 안에 스며든다

하루가 시작되며,
하늘은 다시 푸르게,
나무는 조용히 숨을 쉬고,
길가의 꽃들은 어서 피어날 준비를 한다
이 순간을, 이 작은 기운을 받아들이며
조용히 걸어간다

하루는 아직 어린아이처럼
희망과 에너지를 품고 있다
그대의 웃음이 내 마음을 따스하게 덮고,
아침 햇살이 내 몸을 비추면

하루는 다시 나에게 말을 건넨다
"오늘도 생기 있게 살아야 해,"
그렇게 생기는 길을 따라
하나씩, 한 걸음씩 나아간다

9. 마음이 웃는 날

오늘, 내 마음이 웃는다
조용한 바람이 길가를 스치고,
햇살은 나뭇잎 사이로 부드럽게 내리며,
하늘은 끝없이 맑고 깊다
내 마음도 그렇게 맑아지고,
가슴속에 쌓인 그리움도
햇살처럼 사라진다

이 작은 행복,
작은 기쁨이
내 안에서 스미는 순간,
나는 알게 된다
마음이 웃는 날,
세상은 더 따뜻해진다는 것을

아침의 공기,
자연의 숨결을 따라
조용히 걸어가면,
내 발걸음 하나하나에

기쁨이 쌓여 간다
하루가 시작되고,
내 마음은 그 속에서 행복을 찾아
어디로든 걸어가고 있다

마음이 웃는 날,
세상 모든 것이 나를 반기듯
따뜻한 온기를 보내고 있다
그 작은 웃음,
그 소박한 기쁨이
오늘 하루를 비추고 있다

10. 오늘도 나에게는 기회

새벽 안개가
고요히 들창을 적시면
어머니의 된장국 냄새처럼
하루가 따뜻이 시작된다

텃밭 고랑에 내려앉은
햇살 한 줌
묵묵히 핀 민들레
"오늘도 피어 줘서 고맙다"

지나온 날들,
때로는 돌부리에 걸려
무릎이 까지고
눈물 젖은 날도 있었지만

바람은 오늘도
어깨에 기대어 불어 주고
하늘은, 어제보다 조금 더 푸르다

나는 안다
오늘이 기회라는 걸
이 순간 숨 쉬는 이 자리에서
다시 피어나는 나를 안다

오늘도, 나에게는
하루를 꽃피울 기회가 있다

11. 생기의 파장을 믿는다

햇살은 조용히
지붕 위를 쓰다듬고,
참새 몇 마리,
마당가 복숭아나무에 노래를 묻는다

풀잎에 맺힌 이슬 한 방울
그 속에도 숨은 우주가 있고,
그 작디작은 떨림을
새벽마다 가슴으로 듣는다

바람은 말이 없지만
언제나 생명을 쓰다듬는다
텃밭 한 귀퉁이,
고추꽃 하나 하늘을 본다

보이지 않아도 느낄 수 있다
손끝에서 피어나는 온기처럼,
말없이도 전해지는 사랑처럼,
파장은, 그렇게 마음으로 전해진다

나는 믿는다

오늘의 흙냄새 속에도

내일을 피워 내는 힘이 있다는 걸

생기란, 살아 있다는 가장 조용한 외침

생기의 파장은 기운 중의 으뜸 기운,

생기 파장의 힘을 믿는다

12. 내일을 위한 오늘, 시작의 순간

창문을 여니,
이슬 맺힌 잎사귀에 햇살이 반긴다
새벽의 고요함은
어제의 그림자를 천천히 지운다

텃밭의 흙냄새,
어머니의 손길 같은 바람,
심장은 오늘 조용히 뛰며 묻는다
"지금 이 순간, 넌 어디에 있어?"

구름이 머물다 가는 하늘 아래
작은 들꽃은 말없이 피어오른다
이름 없이, 누군가 보지 않아도
그저, 피어나는 것만으로 좋다

오늘의 시간은
내일을 향한 준비
지금 살아가는 생기로운 약속

오늘,
두 손 모아 마음을 심는다
한 송이 꿈이 시작이 되어
내일 생기나는 생기꽃으로 필 것이다

13. 지금 여기, 삶이 피어나는 자리

바람은 들꽃의 머리칼을 쓸어 주고
햇살은 풀잎 끝에 생기를 앉힌다

지금, 여기
흙 내음 스며든 작은 뜨락에서
삶은 조용히 숨을 고른다

소박한 숨결,
그 위에 피어나는 푸른 약속

고요 속에
오늘도, 생기의
작은 생명의 떨림을 듣는다

제6부

마음, 생기를 품은 정원

1. 마음에도 틈이 필요하다

가끔은 마음에도 작은 틈이 필요하다
햇살 한 줌이
스며들 수 있는 여백,
바람 한 줄기라도
머물다 갈 수 있는 쉼표

너무 꼭 다문 마음은
꽃조차 피울 수 없고
사랑조차 들일 수 없으니까

서운함도, 그리움도,
때로는 눈물 한 방울도
그 틈으로 흘러야
사람의 향기가 난다

오늘
마음을 조금 열어 두려 한다
작은 틈 하나로

누군가의 따뜻한 말이

들어올 수 있도록

2. 생기의 파장을 믿는다

보이지 않아도
햇살은 들꽃을 피우고
들리지 않아도
바람은 나뭇잎을 흔든다

그처럼
말 없는 생기의 파장은
누군가의 마음에
따뜻한 물결을 일으킨다

한 줄기 숨결,
한 조각 미소,
작은 기도의 떨림도
세상을 살리는 씨앗이 된다

나는 믿는다,
무너진 날에도
무언가 눈에 보이지 않는 힘이
나를 일으켜 세운다는 것을

그건 어쩌면,

가만히 피어나는

생기의 파장이었을지 모른다

3. 감사는 생기를 만든다

햇살 한 줌에도
감사할 줄 아는 마음은
시린 아침을
따스하게 데운다

작은 꽃 한 송이,
밥 짓는 연기,
익숙한 이름 하나에도
고마움은 숨결처럼 번져 간다

그 마음속에서
조용히 싹트는 생기
눈물마저도
빛으로 피워 낸다

감사는
바람 없는 날에도
마음의 나뭇잎을 흔드는
보이지 않는 생기이다

4. 내 마음에 핀 꽃

말없이 피어나는 것이 있다
바람도, 비도 닿지 않은
마음 한 자락에
작은 꽃 한 송이 피었다

슬픔을 지나온 시간 끝에서
햇살 같은 기억 하나가
조용히 씨앗을 틔웠다

이름 모를 들꽃은
누구에게도 자랑하지 않고
속삭이듯 향기를 흘렸다
마치 오래전 고향집 마당가,
장독대 옆에서
몰래 피어난 봉숭아처럼

그저 살아 낸 날들의 흔적이
이렇게 예쁜 색이 될 줄
몰랐다

5. 생기마인드의 꽃

어둠 속에서도
꽃은 피어난다
희망이라는
햇살 한 줄기만 있어도

마음속 작은 틈새에
따뜻한 말 한 마디,
긍정의 믿음 하나 심으면
생기는, 조용히 꽃이 핀다

긍정을 안고 피어난
그 꽃은 더 단단하고 더 향기롭다
감사의 뿌리를 내리고,
긍정의 줄기를 세워
세상을 향해 웃는다

내 마음 한가운데
생기마인드의 꽃이 핀다

그 꽃이 오늘을 살게 하고,
그 꽃이 사람답게 만든다

6. 나를 사랑하는 연습

아침 햇살 한 줌,
차가운 물에 얼굴을 씻으며
나를 바라보고 웃어 본다

남몰래 지친 마음을
말없이 토닥이며
꽃에 사랑 주듯
조심스레 다독인다

남을 위해 웃던 시간 끝에
거울 속 나의 눈을
격려하며, 바라보며
이름을 불러 본다
괜찮아, 참 잘할 수 있어

하루에 한 번,
나를 위해 창을 열고
햇살을 들인다
사랑은 그렇게

나를 돌아보는 연습에서
시작되는 것이다

7. 혼자서도 충분한 날

혼자 걷는 골목길,
낙엽 한 장 밟히는 소리가
세상의 대답처럼 들렸다

누구도 기다리지 않아도
마음이 조용히 웃는 날,
바람도 말없이 다가온다

차 한 잔 앞에 두고
천천히 책장을 넘기다 보면
잊고 지낸 마음이
살며시 말을 건넨다

고요한 충만함이 머무는 이 순간
오늘은
혼자서도 행복한 날이다

8. 무심한 듯 따뜻하게

혼자 걷는 산책길,
햇살이 나뭇잎을 쓰다듬는다
말 한마디 없어도
세상은 나를 알아보는 듯

텅 빈 벤치에 앉아
하늘을 한참 바라보다가,
내 안의 소리가
조용히 피어오른다

나는 지금,
혼자서도 행복한 날을
살고 있다

마음에 긍정의 씨앗을 심는다
내면의 빛이 가득 차고 넘친다
생기로 가득 찬 순간을 본다

9. 내면의 빛을 찾다

산그늘이 길게 드리운 오후,
조용히 솔숲 길을 걸었다

바람이 이따금 가지를 흔들고,
햇살은 바닥에 조각조각 흩어졌다

내 마음에도 어딘가
잊혀진 들꽃 씨앗이 있을까,
비바람에 젖고,
긴 세월에 묻혀 잊혀진 마음

돌무더기 옆에 쭈그려 앉아
작은 들풀을 쓰다듬는다
그 푸른 숨결 안에서,
따뜻한 생기의 빛을 느낀다

누가 불러 주지 않아도,
누가 알아주지 않아도,

하늘은 푸르고,

마음은 다시 생기로 피어난다

10. 생기로 가득 찬 순간

이른 새벽,
안개 자욱한 논길을 걷는다

새들은 아직 꿈을 꾸고,
풀잎마다 숨결처럼 이슬이 맺힌다

조용히 귀를 기울이면
땅속에서 꿈틀거리는 생명의 소리
작은 씨앗이 기지개를 켜고,
뿌리들이 서로 인사를 나눈다

나는 숨을 깊이 들이쉬었다
흙냄새, 풀냄새, 아직 이름 모를 들꽃
향기 가슴속 가득 번진다

아, 이 순간,
어디에도 닿지 않는 생기의 바다가
내 안에도 출렁인다

햇살 한 줌이
안개를 뚫고 내 이마를 어루만진다
나는 알았다 살아 있음은
이토록 눈물겹고 빛나는 것임을

11. 말의 꽃이 피는 아침

매일 아침,
작은 입술로
감사합니다, 고맙습니다,
사랑합니다, 행복합니다,
축복 받는 하루 되세요
이 말을 건네면
세상이 조용히 눈부셔지고
내 마음 안엔
햇살보다 따뜻한 꽃잎 하나
소리 없이 피어나요
말이란,
세상을 치유하는 빛
당신의 하루가
그 빛으로 환해질 때,
세상 또한
당신을 따라 웃습니다
누군가에게 보내는
작은 말 한마디에
오늘도 생기꽃은 피고,

내일은 기쁨의 열매 맺습니다
그저,
말을 심었을 뿐인데
나도 누군가에게
햇살이 됩니다
이게 바로, 생기꽃 피는 날

12. 손자의 탄생을 기다리며

저녁연기 가볍게 피어오르는
고향 마을 뒷산 자락에
바람이 잔잔해지고 속삭입니다
"기다리는 마음도 꽃이 된다."

채송화 붉게 피던
여름 마당 끝자락에서
손자의 첫 울음이 들려올까
가슴이 고요히 두근댑니다

배냇저고리에 꿰어 놓은
희망의 실 한 올 한 올,
할미꽃처럼 바람 따라 피어나
시간을 감싸안고 다가갑니다

세상의 첫 아침을
너는 어떤 눈으로 맞을까
내 마음, 이미 너에게로 다가가
들꽃 하나 꺾어 품에 안깁니다

별 하나, 달 하나

손자의 탄생을 위해 하늘에 빌며

오늘도 조용히

축복의 탄생을 기다립니다

13. 빈 들녘에서

아무도 없는 들판,
저물녘 바람이 풀잎을 만진다

뭉게구름 천천히 흐르고
하늘은 들판 따라 푸르고
강물은 제 마음대로 자유롭다

흔들리는 바람에 기대어
마음도, 외로움도, 그리움도
풀꽃 잎새에 살짝 얹는다

아, 저녁 냄새 가득한 흙길 위에
발자국 하나만 찍혀 있다
누구도 오지 않은 들녘
빈 들녘에는 생기 가득한
생기 향이 살아 숨 쉬고 있다

제7부

길, 생기를 따라 걷다

1. 정읍 내장사 봄비 답사기

비는 조용히 절 마당을 씻고,
나무의 숨결마저 젖게 만든다
기왓장 위를 흐르는 빗물은
오래된 시간을 적신다

산새 한 마리,
젖은 소나무 가지를 흔들다
머뭇거림 없이 사라진다
그 뒷모습마저
봄비에 스며들었다

내장사의 돌계단을 오르며
나는 생각한다,
이 비는 어디서부터 왔을까?
어머니의 옷자락 같기도 한
그리움에서인가

산 벚꽃은 빗물에 고개를 떨구고,

조용히 꽃비를 뿌린다

이 봄도, 그렇게 지나가고 있다

2. 생기의 길

바람이 머무는 길 위에
햇살 한 조각 떨어지면
그곳이 바로
내가 걷는 생기의 길

조용히 핀 들꽃 하나에도
세상의 숨결이 담겨 있고,
돌담에 기댄 나무 그림자에도
삶의 온기가 묻어 있다

발끝을 따라 번져 가는
따뜻한 기운, 그건 어쩌면
감사로 피어난 마음의 봄

슬픔이 지나간 자리마다
작은 희망이 움트고,
그 희망을 따라
생기의 길을 걷는다

3. 다시 걷는 봄 길

잊고 지낸 길 위에
다시 봄이 피어나
작은 들꽃들이
나를 먼저 알아본다

묵은 추억들이
가만히 발끝을 감싸고
따뜻한 바람이
이름 모를 위로를 건넨다

흙냄새 사이로
할머니의 된장국 냄새가 지나가고
개울 건너 어린아이가
나를 바라보고 있다

살아온 날들이
바람결처럼 가볍고,
되돌아가는 길마다
다정한 계절 하나씩 피어난다

4. 삶은 여행이다

삶은 긴 여정이었다
출발은 늘 작은 마을의 골목처럼
낯익고 소박하지만
가야 할 길은 바람 속에 숨겨져 있다

꽃이 핀 들길도 지나고
눈 내리는 산길도 건너며
나는 나를 데리고
천천히, 조용히 걸어왔다

때론 혼자였고
때론 누군가와 같이 걸었다
말보다 눈빛이 따뜻했던 날들이
가방 속에 고이 접힌 채 남아 있다

돌아보면
길은 언제나 기다려 주었고
넘어진 자리마다
햇살이 먼저 손을 내밀었다

삶이라는 아름다운 이름의

행복한 여행길

5. 꽃길만은 아니더라도

꽃길만은 아니더라도 길을 걷는다
흙먼지 날리는 오솔길에도
누군가의 발자국이 따뜻하게 남아 있다

비에 젖은 날들에도
작은 들꽃 하나 피고
가시덤불 너머
노을은 하루를 위로해 주었다

넘어지고, 무너지고,
한참을 울던 날도 있었지만
그때마다 마음 한 켠에서
누군가 내 등을 토닥여 주었다

이 길 끝에
찬란한 봄이 없더라도
걸어온 길 위에
내가 남긴 따뜻함이 남아 있다

6. 길 위의 별빛

어둠이 내려앉은 시골길,
바람조차 조용한 밤이면
마음도 걸음을 멈추고
하늘을 올려다본다

아름다운 별빛 하나
먼 길을 걸어온 나의 어깨에
가만히 내려앉아
다정히 말을 건넨다

"지금 이 길 위에 있는 너도
충분히 아름답다"
그 한 마디에 모든 외로움이 씻겨 간다

길은 어둠에 쌓여 있지만,
별빛 하나 품었기에
눈물도, 희망도 함께 밟으며 걷는다

7. 걸음마다 피는 것

고요한 들길을 걷는다
낡은 신발 깔창 아래
묵은 흙냄새가 피어오르고
이따금 바람은 돌아본다

그리움은
발끝에서 꽃처럼 피어나
한 송이 한 송이
지나온 시간 위에 내려앉는다

누군가의 웃음,
어머니의 부름,
어린 날의 발자국이
풀잎 사이로 속삭이는 길

걸음마다 피는 그 기억들 속에서
마음속 깊은 꽃 한 송이 피운다

8. 나를 향한 발걸음

길을 돌아 바람 따라
누군가의 발걸음이 들려온다
이름 모를 들꽃이 흔들리고,
마음의 창이 저절로 열린다

잊은 줄 알았던 기다림 하나,
가슴속 깊은 곳에서
조용히 피어난다

그 발걸음엔
계절이 머물고,
그리움이 묻어나
마치 나를 닮은 길이 되어 버린다

한 걸음, 한 걸음,
나를 향해 오고 있는 너는
언제나 내 안의 봄이었다

9. 먼 길 끝에서 만나는 나

길 끝에서 만난 나 멈추지 않았다,
비와 바람이 나를 마구 흔들었지만,
내 의지는 흔들리지 않았다

한 걸음 한 걸음,
내 안의 긍정의 힘으로 걸어온 길,
멈추지 않는 나의 추진력

10. 사랑의 속삭임

너를 사랑했던 마음은
비밀처럼, 오래 가슴에 숨겨 두었다

창밖에 내리는 봄비처럼
조용히, 마음속 깊이

네가 웃던 그날의 햇살은
아직도 눈동자 속에 살아 있고
그의 손길은
내 하루를 쓰다듬는다

그립다고,
말로 하면 흩어질까
숨죽여 삼킨 사랑은
더 깊어, 더 아프게 피어난다

"사랑해." 이 단어 하나
너에게 끝내 건네지 못한 나

11. 바람도 길이 되어

어디서 왔을까,
누구를 찾아왔을까,
이른 아침 들녘을 스치는 바람

가만히 귀 기울이면
풀잎 끝에도 길이 열리고,
작은 돌멩이 위에도
발자국처럼 바람이 내려앉는다

바람은 보이지 않아도
이름 없는 꽃들을 스치고,
잎새들의 귓속말을 들으며

때로는 고요히 등을 떠밀고,
때로는 조용히 발끝을 스친다

아, 살아간다는 것은
이토록 보이지 않는 길 위를
따스한 바람처럼 흘러간다

저녁노을이 붉게 번질 때,

나는 알았다

나 또한 누군가에게

조용히, 바람 같은 길이 될 수 있음을

12. 사뿐히, 봄을 딛고

아지랑이 피어오르는 낯선 들판,
사푼사푼 걸어가니
발끝마다 봄이 부드럽게 일어난다

연둣빛 풀잎은 인사를 건네고,
따스한 바람은 소매 끝을 매만진다

소리 없이,
사뿐, 사뿐 이 어린 계절을 밟는다

꽃도 숨을 죽이고 피어나고,
개울물도 조용히 노래하는
이 부드러운 세상의 생기들

바람 한 줌에도 사랑이 있듯이,
흙 한 줌에도 기운이 있으니,
단 한 번의 발걸음조차
소중하게, 감사히 내디딘다

아, 살아간다는 것은

봄을 애타게 기다렸듯이

봄을 어루만지며 함께 숨 쉬는 일이다

13. 발자국마다 남는 생기

고요한 아침 숲길을 걸으면
발자국마다 작은 바람이 일고,
그 바람 따라
풀잎 하나, 꽃잎 하나
고개를 쳐든다

한 걸음, 또 한 걸음
삶은 그렇게
생기를 품고 걷는 길

햇살은 내 어깨 위에 기대고,
바람이 지나간 자리마다
작은 생기의 숨결이 피어난다

제8부

미래, 생기로 여는 내일

1. 내 인생은 내가 주인공

풀잎이 바람을 타듯
나의 길을 걷는다
누가 대신 써 주지 않는 삶의 시,
그 한 줄 한 줄을 적어 간다

햇살은 어깨 위에 앉아
말없이 미소 짓고,
산새는 나무 끝에서
"지지배배 지지배배" 읊조린다

고단한 날 스트레스 받는 일
그조차도 내 이야기의 일부
눈물도, 웃음도
내가 선택한 색깔들

이제야 알았다
세상이 내 삶의 무대라는 걸
그 무대 위에서 주인공은 나야

2. 생기는 희망

조용한 새벽,
동녘 하늘이 물들기 시작하면
희망은 밝은 빛으로 다가온다
"긍정으로 시작하는 언어 잘 될 거야."

잔잔한 나뭇잎의 떨림처럼
가만히 살아 있는 것들에 귀 기울이면
그 안의 생기가 살아 숨을 쉰다
꽃이 피기 전의 침묵 같은 설렘

비 온 뒤 땅은 더 단단해지고
햇살은 더 생기가 넘친다
아무것도 이룬 게 없어도
살아 있음으로 충분하다

희망이란 어쩌면
그저 있는 그대로 끌어안는
조용한 생기의 미소일지도 모른다

3. 생기의 꿈

이른 아침,
풀잎에 맺힌 이슬방울 하나
햇살에 반짝이며
작은 꿈을 꾸기 시작한다

바람은 조용히 속삭이고
나무는 눈을 감고 듣는다
"너는 살아 있음으로 충분하다."

흙냄새 묻은 바람결 따라
내 안의 메마른 마음도
조금씩 물을 머금는다

어쩌면 생기란 그런 것,
보이지 않지만
내 안에서 천천히 자라나는
꿈같은 숨결

생기는 조용한 꿈의 싹을
마음속에 심는다

4. 내일은 오늘의 꽃봉오리

햇살에 등을 기댄 작은 꽃봉오리,
아직 피지 않았지만
조용히 숨을 쉬고 기다린다

바람이 살며시 다녀가고
구름이 머물다 지나간 자리,
그 속에서도 생명은 꿈틀꿈틀

순간순간 고요할수록
내일은 더 찬란하게 피어난다

작은 떨림과 기다림
내일 꽃잎을 준비하는 믿음
내일은 반드시, 피어난다

5. 빛나는 나를 위하여

바람이 지나간 자리
풀잎 하나 고개 든다
작고 조용한 생명이
나에게 말을 건넨다

"지금도 충분히
너는 빛나고 있어."

햇살은 언제나
먼저 빛나려 하지 않고
그냥 기다려 준다

흙을 딛고 선 나무처럼
흔들리면서도 꺾이지 않는 너,

스스로를 응원하며
조금씩, 조금씩 피어나는 너
세상이 외면해도
너의 빛으로 빛나고 있어

6. 꿈은 생기

새벽안개 속
작은 들꽃 하나,
그 속삭임은
아무도 듣지 못해도
하늘을 향해 피어난다

꿈은
누군가의 희망
내 마음 안의
조용한 불씨

햇살이 다가오듯
물결이 퍼지듯
살며시 생기는
삶의 시작

바람 불고,
눈비 내려도,
꿈은 생기로

생기는 꿈으로

나를 키운다

7. 아직 피지 않은 꽃

누군가는
너무 이르다 말하고,
누군가는
이미 늦었다 말하지

하지만
햇살은 모든 꽃에게
같은 하늘을 내어 주고
비는 어느 가지도
놓치지 않더라

지금은
피지 않았을 뿐,
그대 안에도
향기 가득한 봄이
머무르고 있다

언젠가,
바람 부는 날

그대라는 꽃도
가만히 피어나겠지

8. 나무의 내일

가장 깊은 뿌리는
보이지 않는 곳에서
푸르름을 만들고 있다

바람은 매일 가지를 흔들고
비는 말없이 상처를 씻는다

햇살이 떠난 자리마다
조금씩 자라나는
푸르른 가지마다 생기가 돌고

나무의 고요한 기다림은
언젠가 꽃이 피고
그늘이 되고
누군가의 쉼이 된다

9. 새로운 시작의 빛

동틀 무렵,
하늘 끝에서 빛 한 줄기

어둠을 밀어내는 건
거창한 외침이 아니라
작은 빛의 고요한 의지

나뭇가지 끝에 맺히는 이슬처럼,
내 마음에 조용히 맺힌
새로운 시작의 울림

어제의 그림자를 걷어 내고
오늘의 문을 여는
가장 아름답고 순한 빛

그 빛을 따라
한 걸음, 한 걸음
희망의 빛이 떠오른다

10. 바람에 실은 소망

바람이 지난다
풀잎 하나를 살며시 흔들며
들꽃에게 안부를 묻는다

바람은 말 대신
소망을 실어 보낸다
마음 깊은 곳,
누구에게도 꺼내지 못한 말들

햇살에 젖은 바람은
조용히 언덕을 넘어
그대 창가로 스며든다

바람이 불 때마다
마음도 따라 흐르고
어느 봄날, 꽃잎처럼 전해지길

사랑한다는 말

그리워했다는 말

바람에 실어, 조심스레 띄운다

11. 길을 여는 생기

어둠 속에도 길은 있다
작은 풀잎 하나, 하나
햇살을 따라 피어나는 것처럼

돌부리에 걸려 멈추는 날에도
내 안의 생기는
조용히 발끝을 밀어 올린다

눈부시진 않아도
따스한 숨결로
새벽을 여는 힘이 된다

길은 여러 갈래로 있지만
마음속에서도
생기가 긍정의 길을 낸다

걸어가는 이 순간
긍정의 생각이

생기를 만들고
찬란한 길을 연다

12. 생기의 법칙 - 3. 3. 4의 비밀 속으로

들꽃이 피는 자리에
햇살 세 번, 바람 세 번,
물결 네 번을 불러내면
그곳엔 생기가 머문다

사람의 말에도
맑은 기운 세 번,
따뜻한 눈빛 세 번,
행동으로 네 번 꽃을 심어야
재물의 복이 마음에 뿌리를 내린다

하루의 시작을 웃음으로 열고
감사로 마무리하며
내 안의 생기를 먼저 피워야
지치고 움츠러든 세상 속에서도
한 줄기 바람처럼
생기는 생기꽃으로 피어난다

멈춰 서서, 들여다보자

마음 깊은 곳에서 감사한 마음
어느새 피어난 부를 끌어당기는 생기꽃

13. 별빛처럼 흐르는 꿈

고요한 밤, 거룩한 밤

하늘은 검은 비단을 펼치고

별빛들은 조용히 강물처럼 흘렀다

저마다 작은 떨림을 품은 별들,

누구의 소망인지

누구의 눈물이었는지

별들은 아름답게 빛났다

밤길을 걸으며

가슴속 깊은 곳,

소원 하나 꿈 하나

살며시 꺼내어 별빛에 띄운다

흐르는 별빛 따라

꿈도 조심조심,

먼 우주를 향해 흘러간다

아, 살아간다는 것은

별처럼, 꿈처럼

자그마한 빛으로라도

끊임없이 띄워야 한다

꿈이라는 미지의 강가에

조용히 나를 띄워 보내며,

생기의 꿈을 꾼다

별빛처럼 흐르는 생기의 꿈

《기풍 - 안종희의 생기 명언》

희망의 메시지

《기풍 - 안종회의 생기 명언》- 희망의 메시지

사는 것이 버거워 숨조차 쉬기 힘든 날들이 있습니다.
세상이 등을 돌린 듯 외롭고, 마음마저 얼어붙을 때,
누군가의 말 한마디가 따뜻한 불빛이 되어
그대의 가슴을 데워 주길 바랐습니다.
그래서 저는 이 《생기명언》을 쓰게 되었습니다.

기운을 살리고, 생명의 빛을 되살리자는 마음으로,
고단한 삶에 작은 숨결 하나, 한 줄기 햇살이 되어
그대의 마음속에도 봄이 오기를 바랐습니다.
인생은 아직 끝나지 않았고,
당신은 생각보다 훨씬 더 강한 사람입니다.
넘어지면 어때요. 다시 일어설 힘은
이미 그대 안에 있으니까요.

이 책을 펼쳐 읽는 순간,
그대의 마음에 '생기'가 피어나기를…
작은 문장이 큰 위로가 되어,
당신의 내일을 밝히는 등불이 되기를 간절히 기도합니다.
늘 그대 곁에서 함께 숨 쉬는 벗이 되겠습니다.

— 기풍 안종회 올림

⦿ 생기(生氣)와 자연 명언

생기는 나무가 바람을 품듯 자라난다.
생기는 흐르는 물처럼 막히지 않는다.
생기가 머무는 곳에 꽃이 피고, 새가 깃든다.
땅이 숨 쉬면 생기가 솟는다.
구름은 생기를 실어 날아온다.
바람 속엔 생명의 속삭임이 있다.
해가 뜨면 생기가 눈을 뜬다.
달이 밝으면 생기가 고요해진다.
비가 오면 생기가 자란다.
하늘이 맑으면 마음에도 생기가 맑다.

◉ 생기 있는 사람 명언

사람의 말에도 생기가 있다.
웃음 속에 생기가 숨어 있다.
진심이 담기면 생기가 흐른다.
생기는 착한 마음을 타고 흐른다.
성실한 사람에겐 생기가 따른다.
고운 마음에서 고운 생기가 나온다.
정직한 이에게는 생기가 쉼 없이 깃든다.
사랑이 있는 곳에 생기가 자란다.
나눔이 있는 자리엔 생기가 돈다.
삶을 아끼면 생기가 곁에 머문다.

⦿ 생기를 품은 터 공간 명언

집 안에 생기가 돌면 복이 들어온다.
가게에 생기가 흐르면 손님이 끊이지 않는다.
방 안에 햇살이 들면 생기가 살아난다.
주방이 따뜻하면 가족의 생기도 따뜻하다.
청소된 공간에 생기가 맑다.
생기는 깨끗함을 좋아한다.
흐르는 공기가 생기를 부른다.
정돈된 자리엔 기운이 맺힌다.
막힌 공간은 생기도 갇힌다.
생기는 열린 창문을 타고 온다.

◉ 생기와 마음 명언

마음이 편하면 생기도 평안하다.
욕심을 놓으면 생기가 들어온다.
감사할 때 생기가 싹튼다.
걱정을 내려놓아야 생기가 일어난다.
슬픔을 품되 생기를 잃지 말라.
희망은 생기의 불씨다.
부정은 생기를 끊고, 긍정은 생기를 살린다.
미소는 생기의 문을 연다.
좋은 말 한 마디가 생기를 살린다.
조용한 마음은 생기의 터전이다.

⊙ 시처럼 흐르는 감성 명언

생기는 꽃잎처럼 가볍고 향기롭다.
생기는 찻잔 속 따뜻함처럼 잔잔하다.
생기가 스며든 하루는 노래가 된다.
생기를 따라 걸으면 길도 즐겁다.
바람결에 실린 생기는 마음을 흔든다.
생기는 눈빛 하나에 피어난다.
따뜻한 말 한마디, 그것이 생기다.
생기는 작은 손길에서 피어난다.
흔들리는 마음에도 생기는 잊지 않는다.
생기는 늘 우리 곁에 있다, 우리가 보지 못할 뿐.

◉ 유머 생기 명언

생기 없는 얼굴은 배터리 없는 리모컨과 같다.

생기는 자다가도 웃게 한다.

생기는 밥보다 중요하다. 그러나 밥이 없으면 생기도 도망간다.

집에 생기가 없으면 고양이도 이사 간다.

생기는 커피보다 빠르다, 단, 마음에서 우러날 때.

생기 없는 말은 소금 빠진 김치와 같다.

생기는 신발 안에도 숨어 있다, 발걸음이 가벼울 때.

웃기면 생기가 터지고, 화내면 생기가 줄어든다.

기운 빠진 소파에 생기라도 좀 넣자.

생기란, 아침에 눈 떠서 "오늘은 된다!"라고 말하는 용기다.

⊙ 생기의 아침 명언

생기는 새벽이슬처럼 조용히 내린다.
아침 햇살은 생기의 첫 걸음이다.
눈을 뜨는 순간, 생기가 시작된다.
고요한 새벽, 생기가 깨어난다.
찬 공기 속에도 생기는 살아 있다.
따뜻한 차 한 잔, 그 안에 생기가 머문다.
바쁜 아침일수록 생기를 놓치지 말라.
아침 인사에도 생기가 실린다.
생기 있는 하루는 아침부터 다르다.
해가 뜨면, 생기 또한 몸을 일으킨다.

⦿ 수맥과 건강을 말하는 생기 명언

수맥이 흐르는 자리에 눕지 마라, 병은 땅 아래서부터 번진다.

잠자리는 쉼의 자리가 아니라, 생기를 받는 자리여야 한다.

기운이 막힌 땅은 병을 부르고, 기운이 통하는 땅은 삶을 꽃피운다.

보이지 않는 수맥이 보이는 병보다 더 깊다.

건강은 음식보다 잠자리에서 무너진다.

땅이 눕는 자리를 가려 주지 않으면, 병은 그 틈을 비집고 들어온다.

한 사람의 병은 몸에서 시작되지 않는다, 터에서 시작되는 법이다.

사람은 자연의 품에서 숨 쉬어야 한다, 수맥은 그 숨결을 막는 벽이다.

수맥을 피하면 약이 되고, 수맥을 막으면 복이 된다.

좋은 터는 약보다 강하고, 나쁜 수맥은 병보다 깊다.

⊙ 생기와 인간관계 명언

좋은 인연은 생기의 길목에서 만난다.
나눔은 생기를 더한다, 계산은 생기를 깎는다.
생기는 따뜻한 인사에 머문다.
칭찬 한 마디가 생기를 피운다.
시기와 질투는 생기의 적이다.
함께 웃으면 생기가 두 배가 된다.
진심 어린 대화는 생기의 다리다.
사람 사이에도 통하는 기운이 있다, 그것이 생기다.
외로움은 생기를 메마르게 한다.
다정한 손잡음이 생기를 이끈다.

⊙ 생기와 사계절 명언

봄바람은 생기를 불러온다.
여름 햇살엔 생기가 웃는다.
가을 들녘에 생기가 물든다.
겨울 고요함 속에도 생기는 숨 쉰다.
계절이 바뀌어도 생기는 이어진다.
나뭇잎 하나에도 생기는 머문다.
눈 내린 창밖에 생기는 고요히 선다.
생기는 꽃보다 먼저 피고, 낙엽보다 늦게 진다.
자연이 살아 숨 쉬면, 생기도 함께 춤춘다.
사계절은 생기의 얼굴이다, 다 다른 듯 닮았다.

⊙ 생기가 들어오는 집 양택 명언

사람이 웃는 집에 생기는 머물고,
불평이 넘치는 집엔 복이 쉬어 가지 않는다.
집 안에 햇살이 들면 마음에도 빛이 들고,
그 빛은 생기가 되어 가족을 감싼다.
생기가 머무는 집은 바람도 고요하고,
물소리도 복을 부른다.
집은 그 안에 사는 사람의 마음을 닮는다.
맑은 마음엔 맑은 기운이 흐른다.
구석진 곳까지 깨끗한 집에는
막힘없는 생명의 흐름이 이어진다.
문이 열릴 때 바람만 들어오는 것이 아니라,
운도 함께 들어온다. 문을 곱게 열라.
거실에 웃음이 머물고, 부엌에 정이 흐르며,
방마다 고요한 기도가 깃들면 생기가 자란다.
사람을 반기는 집에는 사람의 기운이 모이고,
그 기운이 곧 생기다.
가구의 배치보다 마음의 방향이 먼저다.
따뜻한 마음이 먼저 생기를 부른다.
복은 집 안 구석구석을 타고 흐른다.

⦿ 생기 리더 명언

생기 리더는 실패에도 생기의 불을 끄지 않는다.

생기 리더는 말보다 태도로 생기를 보여 준다.

생기 리더는 단 한 사람의 기운도 소중히 여긴다.

생기 리더는 생기를 베풀며 공동체를 살린다.

생기 리더는 생기가 모이는 길을 연다.

생기 리더는 주어진 자리에 생기를 불어넣는다.

생기 리더는 말 한마디에도 온기를 담는다.

생기 리더는 공감과 배려로 생기를 키운다.

생기 리더는 생기를 잇는 다리가 된다.

생기 리더는 어둠 속에서도 기쁨의 불빛을 놓치지 않는다.

⊙ 생기 풍수 명언

땅이 살아 있어야 집도 생기를 품는다.

생기 풍수는 사람의 삶과 땅의 숨결을 잇는다.

흐르는 수맥을 다스려야 생기가 깃든다.

생기 없는 땅엔 복도 들지 않는다.

생기 풍수는 자연과의 약속이다.

생기 풍수는 사람을 살리고, 삶을 살핀다.

생기 풍수는 집안의 기를 다스리는 길잡이다.

생기를 막는 수맥은 피하고, 생기를 품는 땅은 지켜야 한다.

생기 풍수의 핵심은 기운의 흐름을 열어 주는 것이다.

생기 풍수는 과학이며, 통계로 보는 실증 예술이다.

⊙ 생기 있는 음택 명언

조상의 묏자리는 그 후손의 얼굴을 만들고,
그 집안의 운명을 펼친다.
음택에 생기가 들면,
천하의 명당이 아니어도 복이 내려온다.
묏자리는 뿌리요, 후손은 가지라.
뿌리가 건강해야 열매도 무르익는다.
조상의 터에 바른 기운이 흐르면,
후손의 마음도 곧고 밝아진다.
음택이 어그러지면 후손의 삶에 어둠이 깃들고,
음택이 반듯하면 집안에 광명이 찾아온다.
바람이 흩어지지 않고, 물이 머무는 곳에
천년의 복이 스민다.
묘를 잘 써야 복을 잇고,
생기를 담아야 혈맥이 열린다.
산은 품고, 물은 감싸며,
하늘은 그 뜻을 지켜 준다. 그것이 음택의 길이다.
조상 묘를 귀히 여기면,
그 마음이 곧 복의 문을 여는 열쇠가 된다.

⊙ 생기 인테리어 명언

인테리어는 눈을 위한 것이 아니라,
기운을 위한 배려가 되어야 한다.
집 안에 생기를 들이려면,
빛이 잘 들고 바람이 맑게 지나가야 한다.
화려함보다 중요한 것은 조화이며,
조화는 곧 생기의 문을 여는 열쇠다.
식물 한 그루, 조명 하나에도 마음을 담으면,
그곳은 생명의 향기로 채워진다.
공간은 말이 없지만,
그 기운은 사람의 마음을 말없이 이끈다.
가장 좋은 인테리어는 청결이며,
청결은 생기를 부르는 기본 예절이다.
물이 고이고, 공기가 막히면,
기운도 멈춘다. 흐름 있게 꾸며야 한다.
생기 인테리어는 장식보다도,
사용하는 이의 마음이 중심이다.
모든 것은 비움에서 시작된다.
비워야 채울 수 있고, 정리해야 생기가 흐른다.

◉ 생기 습관 명언

아침 햇살을 맞으며 시작하는 하루에 생기가 있다.
물 한 잔의 여유 속에도 생기가 흐른다.
잘 자는 습관이 생기를 길러 준다.
감사 일기를 쓰면 생기가 쌓인다.
하루 10분, 조용한 명상이 생기를 채운다.
긍정의 말을 습관처럼 하면 생기는 저절로 따라온다.
정리된 공간은 생기의 첫걸음이다.
자주 웃는 사람은 생기를 안고 산다.
몸을 움직이면 기도 움직인다.
소박한 식탁에도 생기가 깃든다.
생기 있는 사람은 생기 있는 하루를 만든다.
기분 좋은 인사는 생기의 시작이다.
피로를 풀면 생기가 솟는다.
정해진 시간에 자고 일어나는 것도 생기다.
작은 규칙이 큰 생기를 만든다.
자연을 가까이하는 삶에 생기가 따른다.
좋은 음악은 생기의 물결이다.
나무와 대화하는 것도 생기의 일상이다.
생기는 하루하루의 성실한 습관에서 자란다.

⊙ 생기운(運) 명언

생기는 운을 부르고, 운은 생기에서 자란다.
운 좋은 사람은 생기 있는 말부터 다르다.
생기가 끊기면 운도 고요해진다.
운을 타려면 생기의 파도에 올라야 한다.
막힌 운은 생기를 흐르게 하여 풀린다.
생기 있는 공간엔 좋은 운이 몰려든다.
운은 노력의 땀에 생기가 섞여 피어난다.
생기 있는 사람 곁에 가면 내 운도 달라진다.
운을 잇는 길은 늘 생기와 함께한다.
생기를 쌓으면 복이 자라고, 운이 맺힌다.
생기운은 조급한 자에겐 오지 않는다.
생기운은 감사하는 자에게 먼저 머문다.
생기운을 타려면 마음이 먼저 비워져야 한다.
생기운은 준비된 사람에게 흐른다.
좋은 운은 생기 있는 기운 속에 자란다.
생기운은 스스로 쌓고 닦는 것이다.
생기운이 흐르는 자리는 따뜻하다.
생기운은 사람을 만나 완성된다.
오늘의 생기가 내일의 운을 결정한다.

⊙ 고통 속에서도 빛나는 생기 명언

꽃은 봄이 온다고 피지 않는다, 견뎌 낸 겨울이 있어야 핀다.

그대가 견딘 하루는, 내일의 그대에게 가장 귀한 선물이 된다.

눈물이 마르지 않는 밤이 있어야, 생기는 더 맑게 스며든다.

가장 깊은 고요 속에서, 가장 큰 생명이 움튼다.

쓰러졌다면 괜찮다, 뿌리를 내릴 기회일 수 있기 때문이다.

고통은 당신을 꺾기 위해 오는 것이 아니라, 강하게 빚기 위해 온다.

불행이 머물다 간 자리에, 희망이 뿌리내릴 틈이 생긴다.

길이 없을 때, 그대가 바로 길이 된다.

기운이 꺾인 자리에, 생기(生氣)는 더 강하게 스며든다.

그대는 약하지 않다. 다만 지금, 다시 피어나는 중일 뿐이다.

⊙ 부모가 자녀에게 전해 주는 생기 명언

- 내가 너에게 주고 싶은 건 재산이 아니라, 어떤 바람에도 꺼지지 않는 마음의 등불이란다.
- 사람은 넘어질 수 있지만, 다시 일어나는 법을 배운 자만이 진짜 어른이란다.
- 성공보다 더 귀한 것은, 네가 사람답게 살아가는 모습이란다.
- 세상이 등을 돌릴 때에도, 엄마 아빠는 너의 등 뒤에 서 있단다.
- 너의 작은 웃음이 우리 삶의 봄이 되었듯, 너도 누군가의 봄이 되어라.
- 많이 가지려 하지 말고, 존경받는 사람이 되어라.
- 삶은 수많은 갈림길이지만, 사랑과 정직을 따라가면 반드시 바른길로 가게 되어 있다.
- 공부보다 먼저 배워야 할 것은, 남의 슬픔에 귀 기울이는 마음이란다.
- 네가 가는 길이 멀고 험할지라도, 네 안에 있는 '기운'을 믿어라. 생기(生氣)는 네 안에 있다.
- 너는 내 자랑이기 전에, 하늘이 보내 준 기적이란다. 그 사실을 잊지 마라.

⊙ 생기 건강 명언

건강은 생기의 기둥이다.

맑은 숨결 속에 생기가 깃든다.

잘 먹고 잘 자는 것도 생기를 기르는 길이다.

병은 기운이 흐르지 않을 때 찾아온다.

생기 있는 사람은 얼굴빛이 다르다.

아침 햇살을 맞는 이마엔 생기가 자란다.

몸을 아끼면 생기도 웃는다.

건강한 몸은 생기의 그릇이다.

생기 있는 하루는 운동화 끈에서 시작된다.

생기를 지키는 자, 병을 막는다.

⊙ 생기 행복 명언

생기는 행복의 또 다른 이름이다.

웃음이 있는 곳에 생기가 머문다.

소소한 기쁨이 생기를 꽃피운다.

생기는 사랑하는 이들과 나눌 때 깊어진다.

행복은 생기 있는 마음의 습관이다.

오늘을 아끼면 생기가 자란다.

생기 있는 하루는 그 자체로 행복이다.

사랑도, 우정도 생기에서 싹튼다.

생기는 감사하는 마음을 먹고 자란다.

생기 있는 사람은 늘 행복을 만든다.

⦿ 삼강오륜 생기 명언

1. 군위신강(君爲臣綱)

    "참된 지도자는 권위가 아니라 덕으로 섬김을 받는다."

2. 부위자강(父爲子綱)

    "아버지의 말은 법이 아니라 거울이어야 한다. 아이는 말보다 기운을 닮는다."

3. 부위부강(夫爲婦綱)

    "진정한 남편은 아내를 다스리지 않고, 존중으로 이끈다."

4. 부부유별(夫婦有別)

    "차별이 아닌 역할의 조화가 가정을 지탱한다."

5. 부자유친(父子有親)

    "아버지의 따뜻한 눈빛은 자식의 기운을 살리는 생명수다."

6. 군신유의(君臣有義)

    "진정한 위아래의 도리는 의로 맺어져야 한다. 명령보다 먼저 사람됨이 앞서야 한다."

7. 장유유서(長幼有序)

    "질서 있는 삶은 나이의 경계를 넘어, 존중과 배려로 피어난다."

8. 붕우유신(朋友有信)

    "믿음 없는 우정은 모래 위의 집이다. 진정한 벗은 마음의 거울이다."

9. 예가 곧 도다

"예(禮)를 지키는 마음에는 기운이 흐른다. 예는 사람 사이 기(氣)의 물길이다."

10. 삼강오륜은 옛 도리이되, 지금의 숨결이다

"시대가 변해도 사람 사는 길은 변하지 않는다. 삼강오륜은 옛것이 아니라, 생명의 뿌리다."

◉ 칭찬과 격려의 명언

당신은 오늘도, 수고 많으셨습니다.
　　말없이 버틴 그 하루가 생기를 틔우는 힘입니다.
조용히 흘린 당신의 눈물은 세상에서 가장 고운 생명수입니다.
　　아픔 속에서도 꽃은 피어납니다.
당신의 노력은 결코 작지 않습니다. 생기는 그 진심 위에 자랍니다.
　　작아 보여도 꾸준한 마음이 큰 생기를 일으킵니다.
당신의 미소 하나가, 누군가에겐 큰 힘이 됩니다.
　　웃음은 가장 따뜻한 생기입니다.
실패했어도 용기 내요. 다시 일어서는 그대가 더욱 빛나요.
　　넘어진 자리에서도 생명은 움트고 자랍니다.
당신은 누군가의 자랑입니다. 이미 충분히 소중한 존재입니다.
　　스스로를 칭찬해 주세요. 생기의 시작은 거기서부터입니다.
천천히 가도, 멈추지 않는 그 길이 곧 성공의 기적입니다.
　　걸음마다 생기를 품고 갑니다.
당신은 혼자가 아닙니다. 함께 응원하는 마음이 여기에 있습니다.
　　생기는 연결에서 자랍니다.
당신의 존재만으로도 누군가에겐 큰 위로와 힘입니다.
　　있는 그대로의 당신이 이미 생기입니다.

이 세상에 단 하나뿐인 당신, 오늘도 정말 고맙습니다.
참으로 감사합니다.

◉ 생기 습관 명언

생기 있는 자는 습관부터 다르다.
감사 일기는 생기를 키우는 묘약이다.
매일 걷는 길 위에도 생기는 피어난다.
정돈된 하루는 생기의 집이다.
생기 있는 습관은 미래를 밝힌다.
청결한 생활이 생기를 끌어당긴다.
제때 먹고 자는 것이 생기의 근본이다.
물 한 잔도 생기로 마셔라.
긍정은 생기 습관의 시작이다.
생기 있는 습관은 몸과 마음을 춤추게 한다.
한 번의 실천이 생기의 문을 연다.

⊙ 생기 소통 명언

생기는 말에서 피어나고, 마음에서 자란다.
생기 있는 말은 사람의 마음을 열게 한다.
부드러운 말 한마디가 생기를 꽃피운다.
생기는 귀 기울이는 데서 시작된다.
듣는 태도에도 생기가 있다.
따뜻한 인사가 생기의 씨앗이다.
다툼을 줄이면 생기가 늘어난다.
진심 어린 말이 생기의 물줄기다.
생기는 말보다 표정에서 먼저 흐른다.
생기 있는 대화는 서로를 빛나게 한다.

◉ 생기 행동 명언

생기는 움직임 속에 머문다.
행동이 따뜻하면 생기가 배어난다.
생기 있는 손길은 마음을 어루만진다.
작은 배려가 큰 생기를 낳는다.
생기는 실천에서 완성된다.
멈추지 않는 걸음에 생기가 흐른다.
생기는 실천하는 자의 편이다.
행동 없는 말엔 생기가 없다.
생기는 두 손으로 짓는 사랑이다.
움직이는 마음이 세상을 밝힌다.

⊙ 생기 명상 명언

생기는 고요 속에서 깊어진다.
숨을 들이쉴 때 생기가 자란다.
생기 있는 시간은 고요한 집중에서 피어난다.
명상은 생기를 정화하는 시간이다.
오늘의 생기는 지금 이 순간에 있다.
고요한 마음은 생기의 고향이다.
호흡 하나에도 생기가 깃든다.
생각을 비우면 생기가 채워진다.
생기를 위한 침묵은 삶의 지혜다.
생기는 멈춤 속에 흐른다.

⦿ 사람에게 생기를 주는 말 명언

당신의 존재만으로도 누군가는 살아갈 힘을 얻습니다.
오늘도 참 잘 견뎠습니다. 그 자체가 기적입니다.
당신의 미소는 누군가에게 하루의 햇살입니다.
포기하지 않는 당신이 가장 아름답습니다.
걱정 마세요, 당신 안에 길이 있습니다.
당신이 가는 길마다 생기가 피어납니다.
괜찮습니다, 쉬어 가도 생기는 멈추지 않습니다.
당신의 진심이 생기를 불러옵니다.
울고 나면 생기가 더 단단해집니다.
당신의 따뜻함이 세상을 덮습니다.
오늘도 당신 덕분에 세상이 환해졌습니다.
마음이 지쳐도, 생기는 다시 피어납니다.
작은 친절 하나가 생기를 나릅니다.
당신의 말 한마디가 누군가를 살립니다.
지금의 당신, 그 모습 그대로 빛납니다.
생기는 마음을 건네는 순간에 깃듭니다.
당신이 있어서 이 하루가 따뜻합니다.
당신의 존재가 누군가의 위로입니다.
오늘도 생기를 나누어 주셔서 감사합니다.

⊙ 생기 비전 명언

생기를 품으면 미래가 달라진다.

생기 있는 비전은 현실을 움직인다.

꿈꾸는 자는 생기로 길을 연다.

생기 있는 목표는 방향을 만든다.

생기는 포기하지 않는 자에게 머문다.

오늘의 생기가 내일의 기적이 된다.

생기 있는 사람은 실패마저 자양분으로 삼는다.

미래는 지금의 생기에서 시작된다.

생기 있는 자는 늘 새 길을 낸다.

생기는 희망과 손을 잡는다.

양평 두물머리,
강이 만나는 그 고요한 자리.
나는 가끔 그곳을 찾는다.
흐르는 물결 위로 내 마음도 흘러가고,
뭉게뭉게 물안개 사이로 지난 기억들.

잔잔한 새벽의 물빛위에 투영된
나무 한 그루에도 낭만이 스며 있다.
나는 그 풍경 속에 잠시 머물며
생각의 여백 하나,
조용히 마음 속에 접어 넣고 돌아온다.

여주 신륵사,

남한강이 잔잔히 흐르는 물을 바라보면

물결 따라 옛 시름들이 내 곁에 다가온다.

바람은 물소리를 닮고, 물은 마음을 닮아

잠시 앉아 있어도 내 마음 이야기를 다 들어준다.

한 그루 소나무처럼 서 있는 시간,

그곳에서 나는 나를 비우고, 또 채운다.

신륵사의 풍경은

내 마음 깊은 곳에 생각의 여백을 남기고

조용히, 나를 바라보게 한다.

부여 궁남지,

천년의 사랑을 들여다보았다.

호동왕자와 낙랑공주의 사랑 이야기가

붉고 노란 꽃잎 사이로 조용히 번져와

내 마음 한켠을 물들였다.

셔터를 누르며 나는 한 송이 연꽃이 되었다.

생각은 물결처럼 잔잔히 퍼지고,

이 짧은 머무름 속에서

나는 비로소, 나를 만났다.

생기꽃이 피는날

ⓒ 안종회, 2025

초판 1쇄 발행 2025년 7월 21일

지은이　　안종회
펴낸이　　이기봉
편집　　　좋은땅 편집팀
펴낸곳　　도서출판 좋은땅
주소　　　서울특별시 마포구 양화로12길 26 지월드빌딩 (서교동 395-7)
전화　　　02)374-8616~7
팩스　　　02)374-8614
이메일　　gworldbook@naver.com
홈페이지　www.g-world.co.kr

ISBN　979-11-388-4546-5 (03810)

- 가격은 뒤표지에 있습니다.
- 이 책은 저작권법에 의하여 보호를 받는 저작물이므로 무단 전재와 복제를 금합니다.
- 파본은 구입하신 서점에서 교환해 드립니다.